AF288359

Bibliografische Information der Deutschen Nationalbibliothek
Die Deutsche Nationalbibliothek verzeichnet diese Publikation in der Deutschen Nationalbibliografie; detaillierte bibliografische Daten sind im Internet über http://dnb.d-nb.de abrufbar.

2oo7

"Herstellung und Verlag: Books on Demand GmbH, Norderstedt"

Titelbild und Bildquellen: www.pixelio.de

ISBN 978-3-8334-9540-3

Schmunzelgedichte

aus dem

Leben

Band 1

Oktober 2oo7

Vorwort !

Wer will mich denn verbrennen?
Lernt mich doch erst mal kennen.
Ich hab' auch gute Seiten,
die meinen Weg begleiten.
Klappt mich doch einfach auf,
dann kommt ihr selber drauf …
beim lesen und beim denken,
ich möchte euch was schenken.
Ich möchte euch was geben …
ein bisschen Spaß im Leben.
Schmeißt doch den Trübsinn vor das Tor,
ich wünsch' euch Freude und Humor.
Das wär' es also dann gewesen,
und seid ihr fertig dann mit lesen,
dann habt ihr endlich eure Ruh'
und klappt den Deckel wieder zu.

Inhalt

Kapitel I : Danke

Kapitel II : Familie

Kapitel I

Danke

Zum Jahreswechsel !

Das alte Jahr, es geht vorüber
und bleibt nicht an der Schwelle steh' n,
auch ich beweg' die müden Glieder,
denn schließlich muss ich mit ihm geh' n.

Das alte Jahr, es brachte,
mal Kummer und mal Leid.
Mein Herz aber, es dachte,
an Friede und auch Freud'.

Das neue Jahr wird's bringen,
das glaube ich ganz fest;
dann kann ich wieder singen
solange man mich lässt.

An den netten Briefträger !

Der Mann von der Post
kommt bei Regen und Frost,
bei Kälte und Schnee,
tun ihm auch manchmal die Füße weh!
Auf seiner täglichen Runde
bringt er manch frohe Kunde,
auch traurige Sachen …
er muss es ja machen.
Doch wie es auch sei,
er ist mit Eifer dabei.
Drum danken wir ihm
und seinem Team.
Hat er die frohe Botschaft schon
vernommen?
Im neuen Jahr darf er gerne
wiederkommen.

An die nette Briefträgerin !

Von der Post die nette Dame,
bringt Pakete und Reklame,
Briefe und auch Glückwunschkarten
auf die wir schon mit Freude warten.

Alles lauter tolle Sachen
die uns Menschen glücklich machen;
doch auch Unannehmlichkeiten,
es gibt ja nicht nur gute Zeiten.

Sie kommt bei jeder Wetterlage,
das ist Klasse, keine Frage.

Sie bringt die Sachen bis zur Tür,
und wir danken ihr dafür.
Alle wissen es genau,
sie ist ´ne liebe nette Frau!

Danke an das Zeitungswesen !

Die Leute von der Zeitung,
die haben keine lange Leitung,
denn wenn wir noch im Bette ruh' n,
dann haben die schon viel zu tun.

Wenn uns noch Träume sanft umweh' n,
die müssen ihre Runden dreh' n,
denn schließlich, zu der halben Nacht,
wird uns die Zeitung schon gebracht.

Drum können wir nur etwas lesen,
weil die schon früher wach gewesen.
Vater, Mutter, Tochter, Sohn
danken Trägern und der Redaktion.

Danke an die Müllabfuhr !

Die Männer von der Müllabfuhr,
die sind den ganzen Tag auf Tour;
und ihr emsiges Begehren,
ist, die Mülltonnen zu leeren.
Morgens schon in aller Frühe,
geben sie sich große Mühe.
Und erst abends, fast bei Nacht,
haben sie ihr Werk vollbracht.
Wer sollte sonst die Tonnen leeren,
wenn die Müllmänner nicht wären.
Drum danket ihnen für die Taten,
das möcht' ich allen dringend raten,
denn blieb' die Tonne einmal steh' n,
was sollte mit dem Müll gescheh' n?
Im Unrat würden wir versinken
und der Dreck zum Himmel stinken.

Feuerwehr !

Die Feuerwehr, das ist bekannt,
die kommt bei jedem Brand gerannt.
Sie macht Tatü und auch Tata,
die Feuerwehr, die ist schon da.
Sie muss ja jede Glut bekämpfen,
um allen Schaden einzudämpfen.
Sie rettet Häuser, Mensch und Tier,
und wir danken ihr dafür.
Diesen Männern und auch Frauen,
kann man unbedingt vertrauen.
Ihr Leben setzen sie aufs Spiel,
denn Hilfe ist ihr höchstes Ziel.
Ist das Feuer dann bezwungen,
wird ein Loblied drauf gesungen.
Denn nach soviel Qualm und Dampf,
gibt's in der Kehle einen Krampf.
Krampflösend wirkt in diesem Falle,
ein kühles Bier, und zwar für alle.
Nun endlich sehen wir ganz klar,
wie nützlich diese Löschung war.
Drum wünschen wir bei Qualm und
Rauch,
allzeit viel Glück und auch „Gut
Schlauch"

Ein guter Engel !

Wir waren mal auf großer Reise,
und auch der Motor schnurrte leise.
Denn wir wollten gern' ans Meer,
darauf freuten wir uns sehr.
Wir waren froh und guter Dinge,
ob ich uns mal ein Liedchen singe?
Die gute Laune war perfekt,
doch kam ganz plötzlich ein Defekt.
Das Auto, das fing an zu stinken,
und auch die Stimmung war am sinken.
Doch vorbei war bald der Kummer,
ich hatte ja die richt'ge Nummer.
Auch die Sorge war vorbei,
ich wählte siebenmal die Zwei.
Dann aß ich erstmal einen Keks,
die Rettung war schon unterwegs.
Es war der gute, gelbe Engel,
vor Ort behob er alle Mängel.
Ich möchte alle drin bestärken,
man muss sich nur das eine merken:
„Wer Mitglied ist beim ADAC,
dem tut `ne Panne nicht mehr weh!"

Ein Schatz !

Ich sah dich einst zum ersten Mal,
da blieb mir keine andre Wahl,
hier bleib ich nicht alleine sitzen,
ich wollte dich so gern besitzen.
Denn du mit deinen ganz enormen,
wundervollen tollen Formen
du hast mir den Verstand geraubt,
ich hab' es selber nicht geglaubt.
Doch endlich hast du mir gehört,
ich war von dir total betört.
Ich konnt' nicht ruhen und nicht rasten,
ich musst' dich überall betasten.
In all' den vielen schönen Jahren,
hab' ich so viel mit dir erfahren.
Die schöne Zeit geht nun vorbei,
es kommt was andres für uns zwei.
Denn mittlerweile wirfst du Falten,
und du gehörst schon zu den Alten.
Am Berge schnaufst und keuchst du sehr,
drum musst' für dich was Junges her.
Die Zeit mit dir war zwar recht schön,
doch wird es besser sein zu geh' n.

Komm, ärgere dich nicht, mein Schatz,
dort hinten wartet der Schrottplatz.
So zieh' n die Kreise ihren Lauf,
und keiner hielt sie bisher auf.

Lokführer !

Die Gleise führen in die Ferne,
auf denen fahre ich so gerne,
hinaus in unsre schöne Welt,
weil mir das Reisen so gefällt,
Ich sehe Täler, Wälder, Höhn,
die Landschaft ist doch wunderschön.
Enten, Schwäne und auch Gänse,
recken auf dem See die Hälse.
Und draußen auf der weiten Flur,
ziehen Reh und Hase ihre Spur.
Vöglein fliegen durch die Lüfte,
von den Wiesen strömen Düfte.
Das alles macht mich froh und heiter,
ach, ging die Fahrt doch ewig weiter.
Doch irgendwann da steig' ich aus
und gehe gutgelaunt nach Haus'.
Ich weiß, ich habe keine Wahl,
die Reise mach' ich noch einmal.
Ich hatte selber nichts zu tun,
als nur zu gucken und zu ruh' n.
Ich kann mit fröhlichen Gedanken,
nur diesem guten Manne danken.

Er fährt mich sicher durch das Land,
der Lokführer auf seinem Stand.
Wenn man ihn lässt, fährt er nach Plan,
für die Deutsche Bundesbahn.

Fluglotsen !

Fast wie im Flug vergeht die Zeit,
wir reisen mit, unendlich weit.
Und sind wir erst einmal gestartet,
wir wissen nicht was uns erwartet.
Was wohl am Ziele liegen mag,
das wissen wir am jüngsten Tag.
Doch irgendwie hat man gespürt,
da ist doch einer der uns führt.
Der Herrgott hat den Weg bereitet,
er ist es, der uns stets begleitet.
Fluglotsen machen fast das Gleiche,
im Luftraum stellen sie die Weiche,
damit das Flugzeug irgendwann,
am Boden sicher landen kann.
Wir danken ihnen im Vertrau' n
und werden weiter auf sie bau' n.
Als Flieger fühlt man sich recht wohl,
in Obhut der Lotsen von Eurocontrol!

Unser Bäcker !

Die Sachen vom Bäcker,
die schmecken echt lecker.
Bei der großen Auswahl,
wird die Suche zur Qual.
Ob Teilchen, Brötchen oder Torte,
ob Weißbrot, oder eine and' re Sorte,
alles das wird noch von Hand gemacht
und auch noch ans Haus gebracht.
Eine Spitzenleistung, das ist nicht gelogen,
ist ein Schneckenteilchen voll mit Drogen.
Und, man kann es kaum versteh' n,
der Mohn ist deutlich drin zu seh' n.
Wenn Drogenfahnder ihn erst jagen,
dann geht es ihm noch an den Kragen.
Ich werd' ihn aber nicht verpetzen,
wer sollte ihn denn sonst ersetzen.
Ich hoffe dass man ihn nicht sucht
und er uns weiterhin besucht.
Wir möchten doch auf keinen Fall,
mitnichten,
auf diese Köstlichkeit verzichten.

Unser Frisör !

Der Timo schneidet mir den Schopf

und bringt Fasson an meinen Kopf.

Und ist die Sache dann erledigt

hält er mir danach eine Predigt:

„Wenn du mal wiederkommst nach
Jahren,

dann bitte mit gewasch' nen Haaren."

Der Lockenkopf!

Was habe ich für eine Wolle
Und auf dem Kopf `ne schöne Tolle.
Auch ziehe ich mir einen Scheitel,
in diesen Dingen bin ich eitel.
Doch mein Haar hat Überlängen,
drum bleibe ich beim kämmen hängen.
Vielleicht mach' ich mir einen Zopf,
der hängt mir seitlich dann vom Kopf.
Shampoo, Haare waschen, föhnen,
das möchte ich mir abgewöhnen.
Auch das blöde Haare schneiden
könnte ich demnächst vermeiden.
Ich glaub' ich brauch' nicht lange warten,
der Haarausfall fängt an zu starten.
Dann schneid' ich aber eine Fratze,
ich fürchte mich vor einer Glatze.
Doch bei `ner Glatze wird es besser,
dann brauch' ich nicht mehr unters
Messer.
Das Kämmen fällt mir nicht mehr schwer,
ich hab' ja keine Haare mehr.
Ich brauch' auch nichts mehr ausprobieren
nur meine Glatze noch polieren.

Mein Zahnarzt !

Mein Zahn, der tat mir höllisch weh,
ich jammerte oh je mi ne.
Dann werd' ich mal zum Zahnarzt eilen,
der kann mich von den Schmerzen heilen.
Er sagt zu mir: „Hier ist ihr Sitz",
und kam darauf gleich mit der Spritz',
die stieß er mir in meinen Kiefer
und sagte dann: „die muss noch tiefer,
damit das Serum wirken kann;
nun stellen sie sich nicht so an."
Dann fing er auch noch an zu bohren,
was dröhnte das in meinen Ohren.
Als das nichts half, nahm er die Zange,
mir wurde richtig angst und bange.
Schweißtropfen perlten von der Stirn,
der Schmerz, der drang mir bis in' s Hirn.
Dann plötzlich spürt' ich einen Ruck
Und war befreit vom schlimmen Druck.
Der Zahnarzt und sein Personal
Erlösten mich von meiner Qual.
Mit Dankeschön sag ich's noch mal:
Sie sind für mich die beste Wahl!

Abschied !

Wir sind doch schon so lang zusammen
und heute musst du von mir geh' n?
Mein Herz bekäme einen Schrammen,
wie soll ich das denn übersteh' n?
Wenn du mir fehlst entsteht `ne Lücke,
ersetzen könnte man dich nicht,
doch hilft im Notfall eine Brücke,
das wäre besser als Verzicht.
Es waren viele schöne Jahre,
die wir gemeinsam teilten,
und die Erinnerung bewahre,
die Zeit, in der wir weilten.
Der Abschied naht und tut auch weh,
wie ist der Weg, den ich jetzt geh'?
Ich muss ihn ohne dich beschreiten...
Der Zahnarzt sagt: "Das ist kein Wahn,
die Schmerzen tut nur „er" bereiten,
vom Kiefer her, der Backenzahn.
Drum bitt' ich tu mir den Gefallen,
bevor du jetzt wirst von mir geh' n
sag deinen Kameraden allen,
sie mögen feste zu mir steh' n.

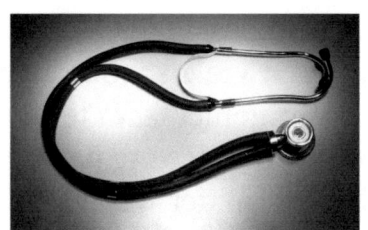

Hausarzt !

Ich bin einmal vor ein paar Jahren,
zu unserm Onkel Doc gefahren.
Dem klagte ich mein Herzeleid,
da wusste er sofort Bescheid.
Der Doktor mit dem wachen Blick,
erkannte gleich mein Missgeschick.
Schon machte er ein EKG
und meinte dann: „ O weh, o weh;
die Ader ist total verstopft,
kein Wunder, dass das Blut nur tropft.
Dabei müsste es doch fließen,
genau wie sie die Blumen gießen.
Sie müssen diesen Schritt jetzt wagen
und werden einen Bypass tragen.
Erst kommen sie mal unter 's Messer,
doch danach geht es ihnen besser."
Ich konnte keinen Ausweg seh' n,
drum ließ ich es mit mir gescheh' n.
Heut' denke ich mit Freude dran,
das war der beste Rettungsplan.
Und hätt' s den Doktor nicht gegeben,
dann wär' ich heut' nicht mehr am Leben.
Dem Doktor gilt mein Dankeschön,
was wäre ohne ihn gescheh' n?

Sprechstundenhilfe !

Die Damen an der Rezeption,
bewachen dort das Telefon.
Und wenn es klingelt geh' n sie ran,
sie hör' n sich manche Klagen an.
Von Bauch- und auch von
Rückenschmerzen
und auch von Seelenpein am Herzen.
Es wird sie manches Leid berühren,
doch müssen sie die Akten führen.
Sie müssen die Rezepte schreiben,
doch immer bei der Sache bleiben.
Praxisgebühren, Computertexte,
welcher Patient ist jetzt der Nächste?
Liegt der Patient in der Kabine,
so starten sie gleich die Maschine,
um dann ein EKG zu schreiben,
das kann so manche Angst vertreiben.
Blutentnahme und auch Spritzen,
kann bei vielen Menschen nützen.
Doch manche lassen sich nie heilen,
die kommen, wenn sie sich langweilen.

Ich brauche keine Diagnose,
ich brauch' auch keine Pillendose,
Bei mir genügt ein liebes Lächeln,
das würde mir gleich Mut zu fächeln.
Mir reicht ein liebevoller Ton
der Damen von der Rezeption.
Drum haben wir nur den Gedanken,
wir wollen diesen Damen danken.

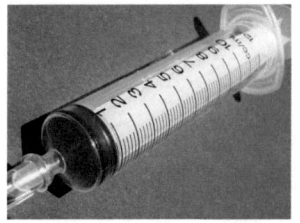

Apotheke !

Medikamente brauch' ich nicht,
ich hab' kein Rheuma, keine Gicht,
ich habe sonst auch keine Schmerzen,
auch keine Pein an meinem Herzen.
Ich brauch' nicht husten und nicht niesen,
ich kann das Leben froh genießen.
Und ginge es nach meinem Willen,
dann brauchte ich auch keine Pillen.
Da gibt es aber `ne Arznei,
die macht die Seele froh und frei.
Das ist ein anderes Konzept,
das gibt es nicht auf dem Rezept.
Ein nettes Lächeln von den Damen,
die mir schon mal entgegenkamen.
Sie fragten: "Was darf es denn sein?"
Ich sagte: "Packen sie es ein,
ihr Lächeln, ihre Freundlichkeit,
die helfen mir in schwerer Zeit."
Ich mein' die Damen an der Theke,
in meiner Lieblings-Apotheke.

Ein guter Täter !

Nicht immer ist ein Täter,
automatisch ein Verräter,
oder gar ein Böser …
doch manchmal ein Erlöser.
Und kommt er dann zum Einsatzort,
so sind oft viele Menschen dort.
Die warten schon mit bangen Mienen,
dass er nun endlich ist erschienen.
Denn jetzt kann er mit seinem Können,
dem Opfer erste Hilfe gönnen.
Die Sache hat er fest im Griff,
man merkt daran den guten Schliff.
Er hat so manchen schon gerettet,
auf eine Liege umgebettet.
Er hat die Sache gut gemacht,
den Kranken dann zum Arzt gebracht.
Die erste Hilfe wiegt sehr schwer,
und darum danken wir ihm sehr.
Man braucht ihn früher oder später,
den guten Rettungs-Sani-Täter.

Gute Pflege !

Vom Pflegedienst das Personal,
versieht sein Handwerk optimal.
Es heißt früh morgens Betten machen,
dann folgen hundert and' re Sachen.

Wecken, waschen sauber machen,
Spritze setzen und noch lachen.
Patienten müssen mal auf' s Klo
und wenn es klappt, ist man noch froh.
Denn auf diesen leeren Magen,
kann man ein Essen gut vertragen.
Auch zu trinken obendrein,
dann will man auch zufrieden sein.

So geht es weiter bis zur Nacht,
bis das Tagewerk vollbracht.
Dann begibt man sich zur Ruh'
und schließt seine Augen zu,
um im Schlafe Kraft zu tanken,
der liebe Gott wird es uns danken.

Der Blutspender !

Sechzig Liter, sechs Eimer voll,
das ist fantastisch, das ist toll.

Das eigne Blut hat er gespendet
und dann ans Rote Kreuz gesendet.

Was ist das für `ne gute Tat,
die er da vorgenommen hat.

Da gibt es weiter keine Fragen,
man muss ihm herzlich „Danke" sagen.

Ich hätte alles drauf gewettet,
die Menschen, die durch ihn gerettet
und vorher vielleicht böse waren,
sind nun den guten Weg gefahren.

Unsere Kranzbinderei !

Was ist das für `ne Schinderei,
in unserer Kranzbinderei.
Da heißt es sich zusammenreißen,
wir müssen auf die Zähne beißen.
Wir müssen uns schon morgens plagen
und Grünzeug in die Werkstatt tragen.
Dann sitzen wir an der Maschine,
das ist ja Gott sei Dank Routine;
wir machen unsern Buckel krumm
und wickeln Zweige rundherum.
Ein Faden wird noch drum geschlungen,
dann ist der Kranz auch gut gelungen.
Wenn jetzt kein Ästchen mehr abgeht,
dann ist das beste Qualität.
Ein Lob des Kunden stimmt uns heiter,
drum machen wir auch freudig weiter.
Und wenn wir uns auch sonst vertragen,
so wollen wir nicht weiter klagen,
und hoffen, dass man sich versteht
und es noch lang' so weitergeht.

Abendkränzchen !

Die netten Damen der Kranzbinderei,
die haben heute Abend frei.
Gemeinsam wollen sie was essen,
den trüben Alltag mal vergessen.
Den Abend wollen sie genießen
und auch die trockne Kehle gießen.
Hat das Essen dann geschmeckt,
wird erst mal ein Eis geschleckt.
Damit dem Magen nichts passiert,
wird ein Kräuterschnaps serviert.
Dem Kellner flüstert man ins Öhrchen,
nun bringen Sie mal ein Likörchen.
Darf' s denn noch was andres sein,
vielleicht ein Bierchen oder Wein?
Ist der Abend dann gelungen,
wird auch noch ein Lied gesungen.
Und dann beim nach Hause geh' n:
„Ach, was war das heute schön!"

Floristik !

Dort drüben in dem Blumenlädchen,
da arbeitet ein süßes Mädchen.
Ich würde es ja niemals wagen,
doch durch die Blume möcht' ich sagen,
sie ist so lieb und auch so fein
und jeder müsste glücklich sein,
wenn sie ihm mal ein Lächeln schenkt
und hofft, dass sie an ihn auch denkt.
Doch woher soll man so was wissen?
Sie kümmert sich um die Narzissen,
sie gießt die Rosen und die Nelken,
bevor sie anfangen zu welken.

Wer aber heilt mein Seelenpein?
Ach, könnt' ich doch ein Blümlein sein.

Kapitel II

Familie

Meine Lieben !

Ich kann euch leider nichts vermachen,
als lauter alte dumme Sachen.
Die sind es auch bestimmt nicht wert,
dass man sich danach verzehrt.
Doch eines sei mir noch vergönnt,
was ihr vielleicht doch brauchen könnt.
Es ist nun einmal mein Bestreben,
bei euch zu sein in meinem Leben.
Und sei es auch nur in Gedanken,
die sich im Traume um euch ranken.
Drum habe ich mal nachgedacht
und dieses zu Papier gebracht.
Es sind nur ein paar Worte, Sätze
und keine materiellen Schätze.
Wenn ihr in einer stillen Stunde,
versammelt euch in einer Runde,
dann lest doch mal, was ich hier schreibe,
und wisst auch, dass ich bei euch bleibe.

Familie ideal !

Ich hab' mal eine Frau gekannt,
der bin ich früher nachgerannt.
Die hatte ich von Herzen lieb,
ach, wenn sie doch mal stehen blieb.
Dann blieb sie doch tatsächlich steh' n,
da war es schon um mich gescheh' n.
mir war entsetzlich flau im Magen
und trotzdem hörte ich mich sagen:
„Dich möchte ich zur Gattin haben,
lass uns zu zweit durch' s Leben traben."
Das Schicksal hat es gut gemeint,
denn seit der Zeit sind wir vereint.
Zwei Kinder stellten sich dann ein,
da waren wir nicht mehr allein.
Vier Enkel sind dazu gekommen,
das macht unser Glück vollkommen.
Ich hoffe die Gemeinsamkeit
besteht für alle Ewigkeit.

Familie normal !

Ich hab mal eine Frau gekannt,
der bin ich früher nachgerannt.
Die hatte ich von Herzen lieb,
ach, wenn sie doch mal stehen blieb.
Und dann blieb sie tatsächlich steh' n,
da war es schon um mich gescheh' n.
So nahm das Schicksal seinen Lauf
und keiner hielt es bisher auf.
Wir schwebten mal auf Wolke sieben
doch was ist davon noch geblieben?
Heut' leben wir auf Wolke acht,
auf der es ständig grollt und kracht.
Ich könnte mir die Haare raufen,
warum bin ich ihr nachgelaufen?
Was uns nur noch zusammenhält,
sind Kinder, Enkel und das Geld.
So kann es doch nicht weitergeh' n,
es müsste doch mal was gescheh' n.
Lass uns doch endlich Frieden schließen,
und die Gemeinsamkeit genießen.
Wenn wir uns achten, respektieren,
kann uns doch nie mehr was passieren.
Vielleicht hält dann die Einigkeit,
bis hin, in alle Ewigkeit.

Wunschtraum !

Meine Frau ist eine Wucht,
da hab ich lange nach gesucht.
Sie ist das Beste, was ich fand,
in unserm schönen Heimatland.
Sie ist so artig und so lieb,
ich war so glücklich, dass sie blieb.
Sie ist ein wunderbares Wesen,
was wär` ich ohne sie gewesen?
Und geht es mir mal nicht so gut,
sie macht mir wieder neuen Mut.
Und bin ich mal tatsächlich krank,
läuft sie sofort zum Pillenschrank,
um Medizin für mich zu holen,
dann kann ich mich auch schnell erholen.
Und selbst bei dem geringsten Schnupfen,
tut sie ganz sacht mein Näschen tupfen.
Ich habe nicht zuviel versprochen,
sie kann auch noch fantastisch kochen.
Nur die guten Eigenschaften,
blieben alle an ihr haften.

Sie erstrahlt im hellsten Licht,
einen Fehler hat sie nicht.
Sagt sie mir an allen Tagen,
Widerspruch will ich nicht wagen.
Ich weiß es nicht und glaub es kaum,
ist das alles nur ein Traum?

Durchblick !

Ich hatte nachts von dir geträumt,
und doch so einiges versäumt.
Ich sah dich nur so ganz verschwommen,
wie konnte es nur dazu kommen?
Ich grübelte und hab gedacht,
was hab ich denn nur falsch gemacht?
Und als ich in den Spiegel blickte,
da merk ich, wie es bei mir klickte.
Nun endlich kam ich auch da drauf,
ich hatte keine Brille auf.
Dass das nicht wieder mal passiert,
wird gleich ein Fernglas deponiert.
Denn träum ich wieder mal von dir,
hab ich dich besser im Visier.

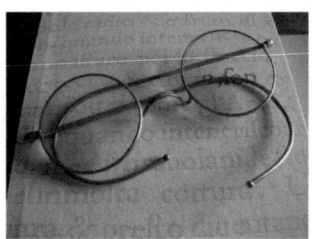

Bloß ein Traum !

Ich sah einmal im Sonnenschein,
ein wunderschönes Mägdelein.
Mein Herz tat einen Riesensatz,
ich hoffte, sie wird mal mein Schatz.
Hinter Rosen und Narzissen,
wollte ich sie deshalb küssen.
Doch sie schlug mir auf die Pfoten:
„Meine Mutter hat's verboten."
Auf der Tenne dann im Heu,
da verlor sie ihre Scheu,
und ein Kuss stand mir bevor,
da schritt Vater durch das Tor.
Eines Tages mit Entzücken,
dachte ich, heut wird es glücken.
Doch ich finde keine Ruh,
was sagt bloß ihr Mann dazu?

<u>Wetterbericht !</u>

Meine liebe Frau, was ist nur aus dir
geworden?
Du bist so kalt, so kalt wie der Wind aus
dem Norden.
Und muss ich deine schlechten Launen
kosten,
dann mein ich, der Wind weht kräftig aus
Osten.
Auch deine Ansichten sind nicht immer
die Besten,
das ist dann so, als trifft mich ein Sturm
aus dem Westen.
Ich wäre erst dann wieder glücklich und
zufrieden,
wär dein Herz sanft und mild, wie der
Wind aus dem Süden.
Ich bin ja schon froh, dass es nicht blitzt
oder hagelt,
sonst wäre die Seele ja total zu-
genagelt.

Das darf aber um Himmelswillen niemals gescheh' n,
ein bisschen Sonne, lässt die Welt gleich besser ausseh' n.
Wir schau` n nach oben und halten die Augen offen,
und wollen alle auf besseres Wetter hoffen.

S . O . S .

Meine Frau, das freche Luder,
hält auf unserm Schiff das Ruder.
Und wenn ich sag: „Lass mich mal ran"..
„Das kannst du nicht, mein lieber Mann,
tu du nur weiter deine Pflicht,
für was bessres taugst du nicht.
Und geh weg mit deinen Fingern,
wir fangen doch schon an zu schlingern.
Nimm ja das Paddel in die Hand,
dann kommen wir auch schnell zum
Strand."

Noch waren wir in rauer See,
da kam mir plötzlich die Idee!
Allein setz ich die Reise fort,
und werf' die Alte über Bord.
Dann halte ich allein das Ruder,
auch ohne dieses freche Luder.
Doch einsam in dem weiten Meer,
da würde mir das Herz so schwer,
das wäre mir dann doch zu teuer,
drum darf sie weiterhin ans Steuer.

Versöhnung !

Du bist für mich die größte Wonne.

Du wärmst mich stärker als die Sonne…

Von der bekäm' ich einen Stich.

Du bist der Sonnenschein für mich.

Kammerjäger !

Der Opa sitzt in seiner Kammer,
der hat wohl einen Katzenjammer.
Er will dort weiße Mäuse jagen,
die ihn bei Nacht im Schlafe plagen.
Doch selbst ein großer Stubenbesen,
ist bei der Jagd umsonst gewesen.

Da kommt die Oma als Berater,
und sagt: „Nimm dir doch deinen Kater,
den hast du dir, ich sag's ganz offen,
doch gestern Abend angesoffen."
Den Kater nimmst du mit aufs Lager,
dann kommen keine weißen Nager.

Doppelleben!

Ich führe nachts ein Doppelleben,
das soll's ja auch bei andern geben.
Ich gehe dann auf große Reise,
ich verschwinde still und leise.
Ich fahre in die große Welt
und hab auch jede Menge Geld.
Ich hab so manches Abenteuer,
und steh' als Kapitän am Steuer.
Ich geh auch wilde Tiere jagen,
die Kamera um den Hals getragen.
und was mir dabei gut gefällt,
ich bin der Held der Damenwelt.
Sie lächeln mich ganz freundlich an
und denken, Mensch, was für ein Mann.

Doch gibt es auch mal andre Sachen,
die mir dann keine Freude machen.
Ich war auch schon mal auf der Flucht
und wurde überall gesucht.
Ich hab verzweifelt nachgedacht,
bin schweißgebadet aufgewacht.
Ich zog durch Zeit und auch durch Raum,
doch das war alles nur ein Traum.

Rache !

Mein Mann, das ist ein fauler Hund,
nix Arbeit, doch `nen lauten Mund.
Der liegt auf seiner faulen Haut
und schnarcht auch noch entsetzlich laut.
Den kann man meilenweit noch hören
und auch die Nachbarn tut er stören.
Er steht nur auf und will nur laufen,
um sich den Alkohol zu kaufen.
Den knallt er sich dann in die Stirn,
bis ganz benebelt ist sein Hirn.
Und kann mit seligen Gedanken,
nur noch zu seinem Lager wanken.
Dort sinkt er nieder mit Gestöhn,
und lallt: „Ach nee, wie ist das schön."
Die Gattin aber mit Bedacht,
hat vorher schon das Gift gebracht.
Das trank er dann in tiefen Zügen
und höhnisch sagt sie: „ Nun bleib liegen."
Denn draußen wartet vor der Tür
schon der neue Kavalier.

Unser Kind !

Ehren sollst du deine Ma' und deinen Pa',
denn die sind immer für dich da.
Seit der Geburt an ist das so;
und sie sind glücklich und auch froh,
wenn es dir gut geht hier auf Erden,
bis auf kleinere Beschwerden,
die wirst du wohl ertragen können,
weil wir dir nur das Beste gönnen.
Auch Fehler können manchmal sein,
die darf man dann ja auch verzeih' n.
Und wenn du selber welche machst,
ob du dann noch darüber lachst?
An Kritik, das muss man sagen,
hat man lange Zeit zu nagen.
Wenn Rücksicht und Verständnis walten,
lässt sich das Leben leicht gestalten.
Drum achte sie, mein liebes Kind,
solang' sie dir von Nutzen sind.
Hier steht es schwarz auf weiß
geschrieben,
dass wir dich doch für immer lieben.

Bescheidene Bitte !

Hallo, ich grüß' dich lieber Dad,
ich bitte dich, komm sei so nett
und greif doch mal zum Telefon,
es wartet hier dein braver Sohn.
Ich lebe in `ner fremden Stadt,
die soviel böse Menschen hat.
Und außerdem regiert das Laster,
man geht hier auf `nem heißen Pflaster.
Auch die Versuchung ist sehr groß,
mein guter Dad, was mach ich bloß?
Auf deinen Anruf will ich warten,
oder schreib mal ein paar Karten.
Auch nette Briefe oder Päckchen,
zaubern ein Lächeln auf die Bäckchen.
Ich will dir immer dankbar sein,
lässt du mich hier nicht ganz allein.
Ansonsten nimmst du einen Stift,
ich brauch nur deine Unterschrift.
Die setzt du untern Blankoschein,
die Summe trag ich selber ein.
Dann brauchst du dich nicht aufzuregen,
ich danke dir mit Gottes Segen.
Nun kann ich endlich wieder strahlen …
und auch meine Schulden zahlen.

Mahlzeit !

„Was gibt's zu Mittag?", heißt die Frage,
jeden Tag dieselbe Plage.
Der Vater will Kartoffelbrei,
der Sohn möchte ein Spiegelei,
die Tochter lieber Suppe,
der Mutter ist das Schnuppe.
Sie sagt nur: "Nun einigt euch,
mir werden schon die Knie weich.
Ich hab noch anderes zu tun
und keine Zeit mich auszuruh' n;
doch könnte ich die Pause nutzen,
um die Fenster mal zu putzen.
und steh' ich schon mal auf der Leiter,
mach' ich mit den Gardinen weiter."
Da fällt ihr Blick auf die Kommoden
und von dort aus auf den Boden.
Die Augen weiten sich vor Schreck:
„Du liebes bisschen, was ein Dreck,
da muss ich wohl mit Blitzblank wischen,
um alles noch mal aufzufrischen.
Und mein Putztuch will ich führen,
über Treppen und auch Türen,

über Spiegel, Tische, Bänke,
Spüle, Stühle und die Schränke.
Doch während ich die Wäsche wasche,
such' ich schon mal die Ausgehtasche,
denn wisst ihr was? Ihr könnt mich mal
…Ich geh' jetzt rüber ins Lokal,
da hat es doch so gut gerochen,
und ihr könnt für euch selber kochen."

An meine Enkel !

Sebastian, Louisa, Moritz, Christopher

Ich möchte nicht darauf verzichten …
und ein paar Worte an euch richten.
Das Leben ist nicht immer heiter,
doch machen wir beharrlich weiter.
Auch wenn wir mal am Boden liegen,
wir lassen uns nicht unterkriegen.
Dann steh' n wir eben wieder auf,
das ist nun mal der Lebenslauf.
Es gibt ja auch mal bessre Zeiten,
die uns auf diesem Weg begleiten.
Das Ziel ist Friede, Freud' und Glück,
dann schauen wir nicht mehr zurück.
Denn wenn die Jungen und die Alten,
in Eintracht fest zusammenhalten,
dann hat die Zukunft einen Sinn,
und ist für alle ein Gewinn.

Sebastian !

Sebastian, das war der Erste
und für mich das aller schwerste
Es war das erste Mal auf Erden,
ich sollte schließlich Opa werden.
Ich war am zittern und am beben,
wir warten auf ein neues Leben.
Ich wusste nicht, was ist zu tun,
ich konnt' nicht rasten und nicht ruh' n.
Und auch die Zigaretten,
die konnten mich nicht retten.
Drum trink ich erst mal einen Korn,
dann geht der Blick wieder nach vorn.

Die Schwiegertochter macht mir Mut:
„Es wird schon alles wieder gut,
es wird bald alles noch viel besser,
ich brauche ja nicht unters Messer.
Das Leben nimmt jetzt seinen Lauf
und du hör' mit dem Jammern auf.
Drum freu' dich auf dein Enkelkind,
dass wir zusammen glücklich sind."

Die Warterei war dann vorbei,
ich hörte bald den ersten Schrei.
Da wurde mir ums Herz so warm,
ich nahm den Kleinen in den Arm.
Ich wusste, es war nicht vergebens,
hier halt ich ihn, den Sinn des Lebens.

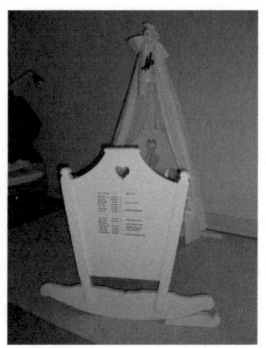

Herzblatt !

Im Bette hältst du nachts ein Schläfchen,
dann bist du artig wie ein Schäfchen.
Die Engel steh' n am Bette stramm,
bewachen unser kleines Lamm.
Du sollst im Schlafe Flügel kriegen,
und zu den Träume-Inseln fliegen.

Doch wirst du dann am Morgen wach,
was gibt das für `nen Riesenkrach …
Der Wecker reißt dich aus dem Schlafe,
das ist fast wie eine Strafe.
Der schöne Traum ist nun vorbei,
es wartet Tages-Allerlei:

Aufsteh' n, waschen, fertig machen
und noch viele andre Sachen
„Hast du denn auch nichts vergessen?"
fragt die Mutter unterdessen …
„und beeile dich mein Schatz,
sonst kriegst du in dem Bus kein' Platz."

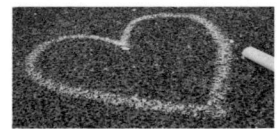

Und dann: Bücher, lernen Schule …
Du sitzt geduldig auf dem Stuhle,
du bist ganz Auge und ganz Ohr,
du holst die Schularbeit hervor.
Du fragst die Lehrerin: „Was ist?"
Sie sagt, dass sie zufrieden ist.

„Deine Arbeit war sehr gut,
nur weiter so mit frohem Mut."
Nach soviel Stress am Vormittag
kommst du nach Haus' am Nachmittag.
Du bist zwar froh, doch sehr geschafft,
der Tag der kostete viel Kraft.

Drum darfst du auch mal zickig sein,
das bist du schließlich nicht allein;
Und über deine schlechten Launen,
da sollen andre drüber staunen.
Auch wenn der Vater dann mal schimpft:
„Du hast den Opa wohl geimpft."

Das kann uns beide doch nicht stören,
wir wollen auf den Herzschlag hören.
Der gibt dem Leben seinen Sinn,
meine heiß geliebte Enkelin !

Courage !

Du hast doch soviel Mut bewiesen,
darauf sei hier einmal hingewiesen.
Ich muss es auch ganz deutlich sagen,
das würde sich kein andrer wagen.
Du warst sehr tapfer und verwegen,
das Opfer bewahrt, vor noch mehr
Schlägen.
Drei Burschen in die Flucht geschlagen,
was soll man denn dazu noch sagen?

Und wenn Gewalt bedroht auch mich,
so geht mein Hilferuf an dich.

Ich bin ganz stolz auf meine Enkelin.
Ich bin so froh, dass ich dein Opa bin.

Unser Moritz !

Der Moritz ist ein guter Bube,
er sitzt daheim in seiner Stube,
macht fleißig seine Schularbeit,
erst danach ist es soweit …,
nun kann er auch ans spielen denken
und seinen Schritt nach draußen lenken.
Dort tollt er dann mit andern Knaben,
die auch Spaß am Fußball haben.
Ist er danach total geschafft,
gibt ihm das Fernseh' n neue Kraft.
Bald aber ist es doch so spät
und Zeit, dass er ins Bette geht.
Nun ist das Tagewerk vollbracht
Und er sagt allen brav „Gut' Nacht."
Wir hoffen, er hat nichts versäumt
und im Schlafe auch schön träumt.

Wir können dir sonst nicht viel geben,
doch wünschen wir in deinem Leben …
Gesundheit, Glück und frohen Mut,
dann wird am Ende alles gut.

Der Duft !

Die Oma zieht die Stirne faltig:
„Mein Gott, hier stinkt es ja gewaltig."
Und guckt mich dabei fragend an:
„Warst du's vielleicht mein lieber Mann?"
Empört sag ich: „Das kann nicht sein,
das kommt ja wohl von draußen rein.
Es gäb' da noch `ne Möglichkeit,
der Duft der kommt aus deinem Kleid."
Da schaut sie mich ganz zornig an:
„Nimm dich in acht, sonst bist du dran,
das Nudelholz werd' ich mal suchen,
und du kannst deinen Rückzug buchen."
Ich wollte mich auch schnell verstecken,
da schallte es aus stillen Ecken:
„Wer hier so duftet, das bin ich,
mein Bauchweh plagt mich fürchterlich.
Der Druck ist jetzt von mir genommen,
habt ihr das nicht mitbekommen?"
Dass wir nicht drauf gekommen sind,
das war doch unser Enkelkind.
Und dass er stinkt, das weiß er,
unser kleiner Scheißer.

Erfüllung !

Ich lag im stillen Kämmerlein,
traurig im Bett, so ganz allein
und dachte: Wenn doch jemand käm,
der mich in seine Arme nähm,
der würd' mich drücken und liebkosen,
mein Herz würde vor Freude tosen.
Dann wär' ich nicht mehr so allein
und könnte wieder fröhlich sein."
Da hörte ich die Stufen knistern
und vor der Tür `ne Stimme flüstern:
„Darf ich denn mal zu dir hinein?
Ich möchte gerne bei dir sein …
und liest du mir auch etwas vor?"
Da rief ich freudig: „Komm durch' s Tor."
Herein kam fröhlich und geschwind,
mein heiß geliebtes Enkelkind.
Ich nahm es fest in meinen Arm,
da wurde mir das Herz ganz warm.
Nun war ich nicht mehr so allein,
und konnte wieder glücklich sein.
Ich wünscht' die Zeit blieb einfach steh` n,
so könnt' es ewig weitergeh' n.

Entschuldigung !

Ich hoffe, dass ihr nichts bereut,
dann hab auch ich ein wenig Freud.
Irgendwann gibt' s mal `ne Wende,
auch dieses Heft hat jetzt ein Ende.
Ein Ende hat auch die Geduld
und wer ist nun an allem Schuld?
Schwarz – weiß steht es auf dieser Karte,
der Schuldige heißt: Manfred Scharte.